★ LES AVENTURES DE ★

TINTIN

L'album du film

Adapté de l'anglais par Marie Hermet
Sur base d'un scénario de Steven Moffat et Edgar Wright & Joe Cornish
Et d'une adaptation de Stephanie Peters (*The Chapter Book*)

Basé sur "Les Aventures de Tintin" par Hergé

Design éditorial : Millefeuilles

ISBN 978-2-203-04761-7
N° d'édition : L.10EBAN000246.N001

Achevé d'imprimer en août 2011, en France par Pollina s.a., Luçon - L23042.
Dépôt légal : octobre 2011, D. 2011/0053/519

casterman

Chapitre I

Le mât de la Licorne

Le marché aux puces est bondé. Attirés par le soleil, les flâneurs se bousculent sur la place encombrée d'étalages où l'on trouve de tout, verreries, miroirs, tableaux du passé et livres illustrés qui appellent à l'aventure. Tintin a repéré un superbe modèle réduit de voilier.

– Regarde Milou, c'est un trois-mâts ! Il a deux ponts, et combien de canons ? Sûrement plus de cinquante... Tu ne le trouves pas magnifique ?
– C'est une pièce unique, précise M. Gaultier, le brocanteur ; elle provient de la succession d'un capitaine au long cours.

Tintin se penche sur la proue. Il déchiffre le nom gravé en lettres minuscules.

– *La Licorne*...
– Oui, c'est ça, *la Licorne*. C'est un vaisseau de guerre, une espèce de... euh, caramelle de l'ancien temps. Pour quarante francs, il est à vous !

Tintin n'a pas envie de marchander. Il jubile déjà et saisit son acquisition, quand une voix forte le fait sursauter.

– Formidable ! s'exclame un homme derrière lui.

L'inconnu est vêtu d'un costume bordeaux ; il porte une paire de lorgnons perchés sur son nez pointu.

– C'est tout simplement formidable ! répète-t-il en se penchant sur le voilier. Pas la peine de l'emballer, je le prends comme ça !
– Si vous voulez l'acheter, c'est au jeune homme qu'il faut vous adresser, observe le brocanteur.
– Oh. Je vois. Bien, alors dites-moi votre prix, jeune homme !

Dépité, Gaultier lève les yeux au ciel. Il regrette presque d'avoir déballé sa marchandise ce matin.

– Je suis désolé, dit Tintin, mais mon bateau n'est pas à vendre.
– Laissez-moi vous expliquer : je viens de racheter le domaine de Moulinsart. Or, ce modèle réduit faisait partie des collections du château, que je m'efforce de reconstituer.
– L'ancienne propriété du capitaine au long cours ? demande Tintin, qui a entendu parler de la vente et flaire une bonne histoire.

– C'est une pièce unique, vous n'en trouverez jamais de pareille !

– Oui. La famille était ruinée.
– De toute façon, c'est non. Au revoir, monsieur !

Tintin s'en va, Milou sur les talons. Dans son dos, il entend l'inconnu demander à Gaultier :

– Ce jeune homme, comment s'appelle-t-il ?
– Lui ? C'est Tintin, voyons ! Tout le monde le connaît !

Tintin sourit. Gaultier exagère : tout le monde ne le connaît peut-être pas encore, mais il est sûr que ça ne va pas tarder.

Avec mille précautions, Tintin porte sa trouvaille jusque chez lui, au 26, rue du Labrador. Il dépose le bateau sur un buffet bas et va chercher sa loupe pour l'examiner. Pendant ce temps, Milou tombe nez à nez avec un intrus : un chat qui est entré par la fenêtre ouverte...

– Non, Milou, non !

Trop tard ! Milou a bondi. Dans une course folle, le chat saute jusqu'au lustre, s'accroche aux rideaux et s'élance sur le buffet pour se faufiler derrière le modèle réduit. Fou de rage, Milou le suit partout en aboyant... Et dans un fracas terrible, *la Licorne* s'écrase au sol !

– Oh ! Milou !

À première vue, la seule chose brisée est le mât du milieu.

– C'est bizarre, dit Tintin, on dirait qu'il est creux... Mais qu'est-ce que tu as encore trouvé, mon vieux ?

Milou gratte le bas du buffet en aboyant toujours. Il a l'air de vouloir se glisser dessous. Tintin sait qu'il n'y a qu'une chose à faire : il déplace le meuble et trouve ce qui attire l'attention du chien. C'est un petit cylindre métallique.

– C'était caché dans le mât de *la Licorne* !

Curieusement, le mât du milieu est creux.

“TROIS FRÈRES UNIS.
TROIS LICORNES DE CONSERVE VOGUANT
AU SOLEIL DE MIDI PARLERONT.
CAR C’EST DE LA LUMIÈRE QUE VIENDRA
LA LUMIÈRE. ET RESPLENDIRA LA + DE L’AIGLE.”

À l’intérieur, Tintin découvre un parchemin miniature entouré d’un ruban et scellé à la cire. Il le détache délicatement et à la loupe, il déchiffre le message mystérieux :
“Trois frères unis. Trois licornes de conserve voguant au soleil de midi parleront. Car c’est de la lumière que viendra la lumière. Et resplendira la + de l’aigle.”

– Qu’est-ce que ça peut bien vouloir dire ? Viens, Milou, accompagne-moi au Musée de la Marine !

Tintin range soigneusement le parchemin dans son portefeuille et se met en route.

Dans le silence de la bibliothèque, il découvre l’équipée tragique de la vraie *Licorne*, une caravelle du XVIIe siècle :
“Toutes voiles dehors, peu après avoir quitté la Barbade, *la Licorne* fut sauvagement attaquée par des pirates. L’équipage entier fut décimé au fil de l’épée. Des tonneaux de rhum et de tabac furent pillés mais jamais on ne retrouva le navire.
Que contenaient ses cales ? Où est passée son épave ? Personne ne peut le dire. Un unique survivant hantait les ports, hagard et défait : François de Hadoque, capitaine du navire et chevalier de Moulinsart.”

CERTAINS RACONTENT QUE LE TRÉSOR
DE *LA LICORNE* GÎT TOUJOURS AU FOND DES MERS.

CHAPITRE II

Volé et kidnappé !

Quand il rentre chez lui, Tintin a une mauvaise surprise: son appartement a été cambriolé! Les chaises et les fauteuils sont renversés, les livres arrachés à leurs étagères, éparpillés sur le sol. C'est un désastre, tout a été retourné, fouillé... Et *la Licorne* a disparu!

– J'ai bien fait de garder le parchemin dans mon portefeuille, n'est-ce pas, Milou ?

Qui a bien pu faire une chose pareille ? L'homme du marché, ce type étrange qui prétend avoir racheté le domaine de Moulinsart, aurait-il été jusque-là pour s'emparer de *la Licorne* ?

La réponse doit se trouver quelque part dans le château. Cette nuit-là, Tintin décide d'aller explorer Moulinsart. Au bout d'une petite route qui serpente entre les champs, l'entrée de la propriété est déserte. On dirait que l'endroit est inhabité depuis de nombreuses années. Tintin se risque à allumer sa lampe de poche. Au-dessus du grand portail, un écusson sculpté dans la pierre représente les armoiries de la famille de Hadoque : un aigle, deux boucliers, un poisson, et... est-ce bien une licorne ?

En insérant la lame de son canif, Tintin ouvre une fenêtre au rez-de-chaussée. Il se glisse à l'intérieur. Une odeur d'humidité flotte. Le rayon de sa lampe

À l'entrée du château, l'écusson
de Moulinsart comprend
un aigle, deux boucliers,
un poisson, et... une licorne.

Tout est calme. Les meubles sont couverts
de draps poussiéreux et de toiles d'araignées.

éclaire des meubles recouverts de draps gris de poussière. Là, sur un guéridon, il reconnaît le profil d'une coque longue et mince... *La Licorne* !

– Eh bien, on dirait que j'ai retrouvé mon voleur, murmure Tintin.

Il s'empare du modèle réduit pour sortir par la fenêtre comme il est venu, mais le faisceau de sa torche accroche un obstacle inattendu : près de la porte, se dresse une haute silhouette sombre ! Un bras se lève et assomme Tintin d'un coup de chandelier. Tandis qu'il cherche à reprendre ses esprits, l'homme qu'il a croisé le matin même au Vieux marché apparaît.

Brusquement la pièce s'illumine sur l'inquiétant barbu et son majordome silencieux.

– Que faites-vous ici ? Qui vous a permis d'entrer chez moi ?
– Je vous reconnais, monsieur, et je reconnais aussi ce bateau, il est à moi ! répond Tintin.
– Je suis Sakharine, le propriétaire de ce château. Et je n'aime pas les intrus, ajoute-t-il, en menaçant Tintin avec sa canne. Si cette maquette est à vous, prouvez-le. Sinon, mon majordome Nestor va vous reconduire.
– C'est très simple, s'énerve Tintin, en manipulant le modèle réduit. Le mât central s'est brisé ce matin, chez moi, à cause du chat... Ça alors, celui-ci est intact ! Je n'y comprends plus rien ! Je... Je suis vraiment désolé...

Le lendemain, Tintin reçoit la visite de ses amis Dupond et Dupont. Ces deux policiers se ressemblent tellement qu'on les prendrait pour des jumeaux, mais ils ne sont même pas frères. Ils enquêtent sur une affaire inquiétante : un pickpocket sévit dans le quartier et il reste insaisissable !

– Il s'agit d'ouvrir l'œil, mon cher Tintin, et le bon ! dit Dupont.
– Je dirais même plus, ajoute Dupond, ouvrons l'œil ! Mais pour nous-mêmes, nous n'avons rien à craindre : essayez de nous voler notre portefeuille, Tintin, allons !

Pour leur faire plaisir, Tintin s'exécute : le portefeuille reste attaché à l'intérieur de la veste, solidement lié à un élastique. Très ingénieux ! Tintin les félicite et les raccompagne au coin de la rue.
Le brouillard règne, on n'y voit guère à dix pas devant soi. Un passant manque les bousculer, s'excuse poliment et s'éloigne. Retournant chez lui, Tintin palpe sa poche... Elle est vide... son portefeuille envolé ! Serait-ce le vieux monsieur si courtois qu'il vient de croiser ?

Devant sa porte, des livreurs l'attendent, à côté de leur camionnette.

– M. Tintin ? Un paquet pour vous.
– Comment ? Mais je n'ai rien commandé !

L'un des hommes le saisit par-derrière et lui applique sur le nez un chiffon imbibé de chloroforme.

– C'est normal, c'est vous qu'on doit livrer !

Vite les malfrats cachent Tintin évanoui dans une grande caisse de bois et l'embarquent à l'intérieur du véhicule.

Personne n'a rien vu !
Sauf Milou, bien sûr, qui aboie comme un fou et essaie de mordre l'un des lascars.

– Fais donc taire ce cabot, Allan, tu veux ! s'énerve son complice.

Milou s'enfuit. Il remonte jusqu'à l'appartement dont la porte est restée ouverte et de là, saute bravement par la fenêtre ! Les bandits ont déjà démarré, mais Milou atterrit sur un camion de pompiers qui passait. Il n'a plus qu'à suivre les ravisseurs !
À toute allure, les deux véhicules traversent la ville en direction du port.

CHAPITRE III

Prisonniers du Karaboudjan

Arrivé sur les docks, Milou se cache derrière les ballots et les amas de cordages pour suivre son maître à la trace. Les ravisseurs ont hissé la caisse qui enferme Tintin sur le *Karaboudjan*, un cargo prêt à appareiller.

À bord, c'est Sakharine qui dirige les opérations. Allan et Tom, ses deux hommes de main, ont déjà fouillé le prisonnier, mais ils n'ont rien découvert. Sakharine est excédé. Il vient interroger Tintin qu'il a fait attacher à fond de cale ; il veut savoir où est passé le parchemin qu'il n'a pas retrouvé dans le mât de *la Licorne*.

– Le parchemin où était calligraphié un poème, vous voulez dire ? demande Tintin.
– Oui !
– Un poème écrit en vieux français ?
– Oui.
– Roulé à l'intérieur d'un petit cylindre ?
– Exact.
– Et caché au creux du mât...
– C'est ça ! grince Sakharine, qui commence à fulminer.
– Je ne l'ai plus.
– Questionnez-le, et faites-le parler, vous entendez ? martèle Sakharine à ses acolytes. Par tous les moyens ! Compris ?

– Vite Milou, il faut s'échapper, il n'y a pas une minute à perdre.

Tintin n'a plus le choix : il faut qu'il s'évade de sa prison à n'importe quel prix. Par chance, au moment même où Sakharine furieux allait claquer la porte de la cale, Milou s'est faufilé à l'intérieur !

– Mon vieux Milou, s'écrie Tintin, je suis drôlement content de te voir ! Grignote mes liens, tu veux ?

Milou s'exécute et bientôt Tintin est libre de ses mouvements. Il ne reste plus qu'à trouver un moyen de sortir... S'extirper par un hublot est la seule issue possible. Avec une corde qu'il a trouvée dans un coin et des bouts de bois arrachés à la caisse, Tintin fabrique un grappin. Penché à l'extérieur, il est dans une position périlleuse, mais Milou le retient en plantant les dents dans le fond de son pantalon. D'un habile coup de poignet, Tintin réussit à loger son grappin de fortune à l'intérieur d'un autre hublot ouvert. Il n'a plus qu'à suivre la corde pour escalader le flanc du *Karaboudjan*.

Tête la première, il s'engage dans une grande cabine lambrissée de bois sombre et encombrée d'instruments de navigation. C'est sans doute celle du capitaine... Mais est-ce bien lui, ce barbu mal réveillé qui le regarde, tout étonné ? Hirsute, les cheveux en broussaille, il porte une veste sur un gros pull marin à col roulé.
En découvrant Milou assis à ses côtés, il sursaute et se lève d'un bond.

Une bouffée d'air marin fouette le visage de Tintin.

Son grappin de fortune tourne dans le vent.

– Je sais pourquoi vous êtes venu ! Vous faites partie du complot ! vocifère le capitaine.

– Aaahhh ! Un rat géant de Sumatra !

Tintin s'interpose et veut se présenter.

– Hé, ho ! crie le capitaine en ramassant un pied de chaise, on ne bouge pas !

Il brandit son arme improvisée comme une épée.

– En garde, moussaillon ! Vous avez cru que vous pourriez me tomber dessus pendant que je dormais, hein ?

Vexé d'être comparé à un rat, même géant, Milou gronde. Tintin se baisse pour esquiver.

– Je préférerais ne pas vous tomber dessus du tout, vous savez. Je ne suis pas venu pour ça.
– Je sais pourquoi vous êtes venu ! Vous en faites partie !
– Partie de quoi ? demande Tintin en parant adroitement un nouveau coup.
– Du complot ! Ils vous ont envoyé pour me tuer ! C'est comme ça qu'il s'y prend ! Envoyer un gamin pour m'assassiner pendant mon sommeil !

– Vous assassiner ? Mais non, pas du tout ! Au contraire, c'est moi qui ai été kidnappé par cette bande de gredins !

Le capitaine lâche son gourdin. Les sourcils froncés, il examine Tintin.

– C'est vrai ? Vous savez qu'il les a achetés jusqu'au dernier ? Tout mon équipage !
– Qui ? Sakharine ? s'écrie Tintin qui vient enfin de comprendre ce qui s'est vraiment passé sur le *Karaboudjan*.
– Mais oui, Sakharine ! Ce flibustier de carnaval !
– Au fait, moi, je m'appelle Tintin, dit le jeune reporter en tendant la main.
– Et moi, Haddock. Capitaine Haddock. Ce scélérat m'a volé mon bateau, avec la complicité d'Allan, mon second. Ils me retiennent ici, dans cette cabine, avec du whisky pour seule compagnie !

Tintin vérifie : la porte de la cabine est ouverte.

– Il y a des canots de sauvetage sur ce bateau ?
– Bien sûr, mon garçon… Allons-y !

CHAPITRE IV

L'évasion en mer

SUR LE PONT, ALLAN ET TOM ESSUIENT UN ORAGE, NON PAS À CAUSE DES CONDITIONS MÉTÉO QUI ONT PLUTÔT TENDANCE À S'AMÉLIORER, MAIS PARCE QUE SAKHARINE A DÉCIDÉ DE LEUR DIRE CE QU'IL PENSE D'EUX. POUR LUI, LA FUITE DE TINTIN EST UN VÉRITABLE OUTRAGE.

– Vous avez laissé ce gamin s'échapper, et avec Haddock par-dessus le marché ! Retrouvez-les, vous entendez ? Retrouvez-les tous les deux, et tout de suite !

Dissimulés à l'entrepont, Tintin et Haddock tendent l'oreille. Avec précaution, ils se faufilent dans le labyrinthe des coursives et empruntent des passerelles désertes pour atteindre le pont supérieur où sont entreposés les canots de sauvetage. De temps en temps, ils entendent des pas précipités et se cachent prudemment. Tout l'équipage est à leurs trousses. Mais, mieux que personne, Haddock connaît le moindre recoin de son bateau. Malgré l'urgence de la situation, Tintin ne peut s'empêcher de poser des questions :

– Vous ne seriez pas par hasard apparenté au Hadoque de Moulinsart ?

Haddock le regarde de travers ; on voit que le sujet le rend méfiant.

– Pourquoi me demandez-vous ça ?
– C'est à cause d'un reportage historique sur lequel je travaille en ce moment, à propos d'un naufrage qui a eu lieu il y a plusieurs siècles au large de...

Avant que Tintin ait pu terminer sa phrase, le capitaine l'a saisi par le col et l'a cloué contre une cloison. Il chuchote, menaçant :

– Qu'est-ce que vous savez de *la Licorne*, vous ?
– Pas grand-chose, dit Tintin, c'est pourquoi je vous posais la question.

Ces paroles semblent calmer un peu le capitaine.

– Le secret n'est connu que des membres de ma famille. Il est transmis de génération en génération. C'est mon grand-père lui-même qui me l'a révélé sur son lit de mort.

À ce point du récit, le regard de Haddock se perd dans le vide. Tintin attend qu'il reprenne le fil de son histoire, mais rien ne vient. Poliment, il demande :

– Oui ?
– Parti ! avoue Haddock en hochant la tête.

– Mille sabords ! tempête Haddock. Ces scélérats sont à nos trousses ! Sur mon bateau !

Ils se faufilent dans le labyrinthe des coursives

et empruntent des passerelles désertes.

– Comment ça, parti ?
– J'étais si malheureux de perdre mon aïeul que j'ai dû noyer mon chagrin, vous comprenez, explique le capitaine. Le lendemain, quand je me suis réveillé, j'avais tout oublié.
– Tout ?
– Tout.

Tintin est déçu, mais il a plus urgent à régler : ils sont arrivés près de la cabine radio. Dissimulé dans l'ombre, Tintin jette un coup d'œil à l'intérieur. Allan et Tom sont penchés sur un poste émetteur. Visiblement, ils ont reçu un message. Ils s'esquivent par une porte de derrière, probablement pour aller rendre compte à Sakharine.

Tintin en profite pour se glisser dans la petite cabine. Il trouve des cartes et un prospectus représentant une ville au bord de la mer, Bagghar. Tintin empoche la brochure et consulte un graphique punaisé près du poste radio. Puis il s'empare de l'émetteur, le règle à la fréquence voulue, et tape fébrilement un message. Heureusement qu'il a appris le morse… Pas une minute à perdre s'il veut obtenir de l'aide.

TINTIN RÈGLE L'ÉMETTEUR ET TAPE FÉBRILEMENT UN MESSAGE.

Il vise avec soin... et sectionne d'un seul coup
le câble qui les retenait coincés !

Les matelots à la solde de Sakharine sont toujours à l'affût. Ils ont repéré Haddock au moment où il allait mettre un canot à la mer. Tintin court le rejoindre, mais le canot est coincé : l'évasion de Tintin et du capitaine va-t-elle tourner court ? Non ! Tintin a trouvé un revolver dans la salle de radio. En tirant sur le câble récalcitrant, il réussit à libérer l'embarcation !

Tintin, Milou et le capitaine Haddock s'éclipsent à la faveur de la nuit. À bord, c'est la panique : Sakharine est fou de rage. Il ordonne qu'on les retrouve immédiatement ! Les projecteurs fouillent la surface de la mer. Vont-ils distinguer les fuyards ? Depuis le navire, les forbans tirent dans tous les sens, mais Sakharine s'étrangle de colère : il veut Haddock vivant ! Déchaîné, le capitaine rame avec une énergie décuplée pour s'écarter du danger.

– Allons, moussaillon ! Je connais ces mers comme ma poche. Vous avez dit Bagghar ?
– Ouah ! approuve Milou.

LE CANOT TANGUE AU MILIEU D'UN ORAGE DE BALLES QUI RICOCHENT À LA SURFACE DE L'EAU.

CHAPITRE V

L'ennemi vient du ciel

Aplatis au fond du canot, Tintin, Milou et Haddock ont échappé aux tirs des hommes du *Karaboudjan*. Maintenant que le cargo s'est éloigné, Tintin saisit une rame, Haddock l'autre, et les deux fuyards avancent en cadence, de toutes leurs forces réunies.

Ils vont réussir ! N'ont-ils pas déjà échappé aux pires dangers ? Seulement voilà, la grande faiblesse du capitaine, c'est son penchant pour le whisky. Il en garde toujours une bouteille sur lui. Pendant que Tintin dort, épuisé, Haddock très éméché décide de faire du feu... avec les rames ! Tintin se réveille en sursaut.

– Mais qu'est-ce que vous faites ? Vous êtes complètement fou !

Il essaie d'éteindre l'incendie, mais c'est trop tard ! Le canot est perdu, et les voilà naufragés.

– Vous avez raison, Tintin, je suis un misérable,

un faible, un moins que rien !

Quel est donc ce point qui se rapproche à l'horizon ? Un avion ? Un hydravion même ! L'appareil est jaune vif, immatriculé sur le fuselage en gros caractères noirs : CN-3411. Le soulagement de Tintin et Haddock se teinte vite d'inquiétude.

Accélérant, perdant de l'altitude, il est évident que l'hydravion n'a aucune intention de se poser : il vient beaucoup trop vite ! Tintin aperçoit des éclairs au niveau de l'aile gauche. Une fraction de seconde plus tard, on entend le staccato d'une mitraillette. Les balles crépitent, crèvent le canot et fouettent l'eau en faisant jaillir des jets d'écume.

Pendant que Tintin s'abrite, Haddock menace les tireurs d'un poing furibond.

– Troglodytes ! Boit-sans-soif ! Marins d'eau douce !

Tintin a toujours son pistolet. Il épaule, vise...

– Tintin ! Vous l'avez touché ! hurle Haddock. Hourra ! En plein dans le mille !

Le moteur a des ratés. L'hydravion se pose en une brutale gerbe d'eau. L'un des pilotes en sort et monte sur le flotteur jusqu'à la carlingue dont il ouvre le capot.

– Restez là, capitaine, demande Tintin.

TOUCHÉ EN PLEIN VOL, LE CN-3411 A AMERRI

DANS UNE BRUTALE GERBE D'EAU.

Sans laisser à Haddock le temps de répondre, il plonge et nage sous l'eau le plus loin possible en direction de l'avion. Il refait surface près des flotteurs arrière et reprend son souffle. Personne ne l'a vu.

– Les mains en l'air !

Le premier pilote lève les bras sans tergiverser ; du coin de l'œil, Tintin voit que le second en a fait autant. À cet instant précis, Haddock se hisse à son tour.

Il ligote les deux lascars et les repousse au fond du cockpit. Tintin s'installe aux commandes.

– Tiens ! Vous savez piloter ? s'étonne Haddock.

– Bien sûr ! Regardez, j'ai trouvé un manuel.

Tintin a déjà décollé. Après quelques difficultés, l'appareil trouve son équilibre et prend de l'altitude. Tintin distingue un point précis qui grossit à mesure qu'il s'en approche.

– Hourra ! Regardez, capitaine, le *Karaboudjan* !

– Ha! Bougres de flibustiers de carnaval! Nous serons à Bagghar avant eux.

– À nous *la Licorne* ! fanfaronne Tintin.

– EUH... VOUS AVEZ DÉJÀ PILOTÉ UN AVION COMME CELUI-LÀ ? BREDOUILLE HADDOCK.

– Ho, ho, dit soudain Haddock, ce n'est pas gagné, moussaillon... Regardez par là !

Tintin ose un coup d'œil sur sa droite : un mur de nuages noirs est en train de gagner rapidement du terrain.

Peut-il l'éviter ? Hélas, non ! L'orage occupe maintenant l'horizon tout entier.

– C'est une bonne chose que j'aie mon manuel ! crie Tintin par-dessus le bruit des moteurs. Vous pouvez me lire ce qu'on doit faire en cas de gros temps ?

– Si nous cherchions une autre voie ? s'affole le capitaine.

– Nous ne pouvons pas faire marche arrière maintenant. C'est trop tard !

Mais les éclairs se déchaînent, le tonnerre gronde ; le petit appareil est ballotté comme un fétu de paille. Dans la cabine, tout ce qui n'est pas attaché s'envole ; équipements et passagers s'écroulent pêle-mêle les uns sur les autres.

– Terre, terre ! hurle Haddock. Virez de bord, moussaillon !

– Je ne peux pas !

Tintin voit surgir ce que lui indique le capitaine : une gigantesque dune de sable ! Ils ont atteint l'Afrique du Nord. Mais où sont-ils exactement ?

L'avion pique droit sur la dune. Tintin essaie de reprendre le contrôle de l'appareil, manque se retourner, vire brutalement... Il tente une dernière manœuvre. L'avion glisse vers la dune, la touche, rebondit en perdant deux morceaux d'ailes au passage, frôle le sol pour repartir encore, et finit par s'enfoncer dans le sable. Un grand silence se fait. Rien ne bouge autour de l'épave, sauf Milou, qui jappe et s'efforce de tirer son maître loin de l'hélice.

CHAPITRE VI

Toutes voiles dehors

Tintin s’assied, étourdi. Milou saute autour de lui en aboyant. Le capitaine est là aussi, mais les prisonniers se sont enfuis. Tout est calme. La tempête est passée. Un chaud soleil brille sur les dunes.

– Bon, dit le capitaine, et maintenant, qu'est-ce qu'on fait ?

– On continue. Nous avons un mystère à éclaircir !

Autour d'eux, le désert s'étend à perte de vue. Ils se mettent en route. Ils marchent une heure, puis deux, puis trois... Le sable est brûlant sous les pieds, le soleil tape, et ils n'ont plus d'eau.

– Le pays de la soif... gémit Haddock. Le pays de la soif...

– Allons, capitaine, courage !

– Vous ne pouvez pas comprendre, marmonne le capitaine... Le pays de la soif... Oh ! Là-bas ! De l'eau ! Des palmiers !

Haddock se met à courir.

– Revenez, capitaine. C'est un mirage !

Un peu plus loin, le capitaine est tombé à genoux.

– Regardez ! Là... Sur l'océan... Avez-vous jamais rien vu d'aussi beau ? Toutes voiles dehors, voguant au vent, avec ses trois mâts et ses cinquante canons...

– *La Licorne* ? murmure Tintin.

– N'est-elle pas magnifique ? s'écrie le capitaine, au comble de l'émotion. Voyez à quelle allure elle file : elle navigue vent arrière ! Elle vient de quitter la Barbade. Ses cales regorgent de rhum et de richesses, quatre quintaux d'or et de pierres précieuses...

Tintin lui aussi commence à la voir, la caravelle aux armoiries royales. Le sable est devenu océan, les voiles claquent et se gonflent joyeusement dans la brise. Mais n'est-ce pas un bateau pirate qui se profile à l'horizon ?

Tintin, le capitaine et Milou marchent jusqu'à épuisement. Le soir, une tempête de sable s'élève. Aveuglés, à demi morts de soif, ils se croient perdus quand les sentinelles de l'avant-poste d'Afghar les découvrent et les ramènent au camp.

Après une bonne nuit, Haddock reprend le fil de ses rêves. L'épreuve du désert a fait de lui un autre homme. Le marin vaincu, enfermé dans la cabine de son propre cargo, a disparu : c'est le descendant du chevalier de Hadoque qui parle. Il se voit, croisant le fer avec le diabolique Rackham le Rouge... Massés à la porte, les soldats l'écoutent, fascinés ; ils n'osent pas entrer de peur de l'interrompre.

– Les pirates avaient hissé le pavillon rouge, raconte Haddock, celui qui signifie : pas de quartier ! Plutôt que de laisser Rackham disposer de son trésor, le chevalier François a coulé son propre bateau.

– Mais il n'a pas abandonné la partie pour autant, observe Tintin.

– Non, puisqu'il a laissé des indices ! Pour chacun de ses trois fils, il a construit un modèle réduit de *la Licorne*. Et il a caché les énigmes recopiées sur un parchemin à l'intérieur du grand mât.

– Et maintenant, Sakharine veut voler le troisième modèle réduit pour mettre la main sur tous les parchemins, conclut Tintin.

Haddock mime le combat en rugissant :

– Montre-toi, Rackham le Rouge !

Flibustier de carnaval !

– Mille millions de mille sabords ! Par tous les diables, moi, Haddock, dernier de la lignée, j'ai bien l'intention de m'en emparer avant lui.

– Racontez-nous encore, capitaine, que s'est-il passé exactement ce jour-là ?

Sur *la Licorne*, les épées s'entrechoquent en lançant des étincelles. Le chevalier François a répandu une traînée de poudre depuis la cale aux munitions jusqu'au pont supérieur. Du plat de sa lame, il renverse une lanterne allumée. La mèche enflammée tombe sur la poudre qui crépite et se met aussitôt à fumer. La confusion est totale.

– Rackham le Rouge, moins habile escrimeur que François, est acculé ; l'émotion le rend imprudent… Le chevalier feinte et enfonce sa lame sous la poitrine ! Le pirate titube… François de Hadoque profite de son avantage. D'un coup, il manque décapiter son adversaire, mais Rackham esquive : la lame coupe seulement le ruban qui retenait son masque. Au moment où la traînée de poudre enflammée s'approche des cales à munitions, le masque tombe. Le visage du pirate apparaît…

Le capitaine se tait.

– Et après ? demande Tintin, après ? Qu'est-ce qui s'est passé ?

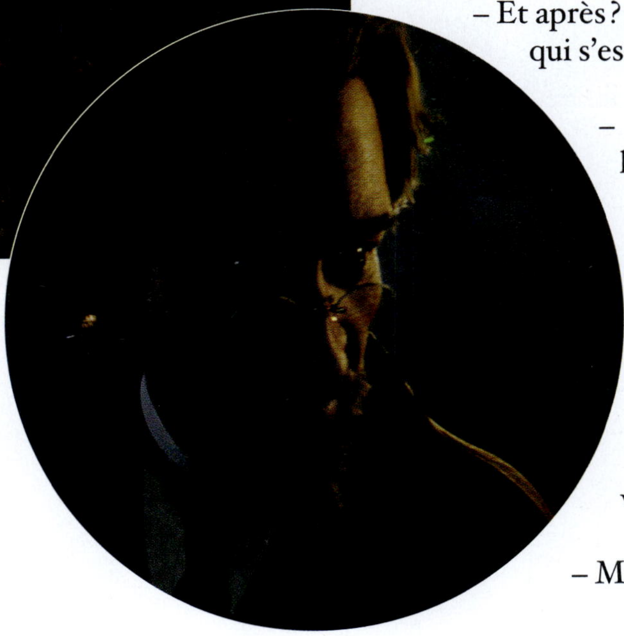

– Ces traits anguleux, ce nez en lame de couteau, cette barbiche en pointe, murmure Haddock. Comment ai-je pu être aveugle à ce point-là ?

– Que voulez-vous dire ?

– Ce ne sont pas seulement les parchemins et le trésor qu'il veut, c'est moi.

– Mais qui, enfin, qui ?

– Hadoque !

Que le sort s'acharne contre toi et tes descendants,

souffle le pirate qui rend l'âme.

– Sakharine, voyons ! Le descendant de Rackham le Rouge. Il veut accomplir la malédiction de son ancêtre…

Les yeux dans le vague, le capitaine poursuit :

– Le chevalier a un plan ; il va l'exécuter sans erreur. Il ferraille toujours en surveillant du coin de l'œil la progression des flammes. La nuit est tombée, la fumée ajoute au chaos qui règne à bord. Hadoque attend que le feu soit tout près des munitions.

– Que le sort s'acharne contre toi et tes descendants, Hadoque ! souffle le pirate.

Affaibli par ses blessures, courbé par la douleur, il peut à peine se défendre.

En s'approchant d'un sabord ouvert à l'air libre, Hadoque lui sourit :

– Viens me chercher, si tu peux !

Il plonge et s'éloigne prestement de *la Licorne*. Deux minutes plus tard, c'est l'explosion…

– Et le trésor sombre au fond des mers ! conclut Tintin. Maintenant, Sakharine se rend à Bagghar pour le retrouver.

– Mais nous allons l'y rejoindre ! s'exclame Haddock. Nous n'avons plus qu'à emprunter deux chameaux !

CHAPITRE VII

Le troisième parchemin

Après trois jours de méharée, Tintin et Haddock arrivent en vue de Bagghar. Du haut de la dune où ils s'arrêtent pour laisser leurs chameaux se reposer, on voit la ville avec ses minarets et ses terrasses blanches qui s'étagent jusqu'au port.

Au milieu d'une foule de petits bateaux de pêche est amarré le *Karaboudjan*.

– Sakharine est là ! s'écrie Tintin. Je le savais.

– Nous avons été plus malins que toi, bougre de vieux cachalot ! triomphe Haddock.

Pour couronner leur succès, les voyageurs ont la surprise de retrouver à Bagghar de vieilles connaissances: Dupond et Dupont, qui viennent rapporter à Tintin le portefeuille qu'on lui avait volé. Les policiers ont arrêté leur pickpocket : c'est un retraité assez inoffensif, Aristide Filoselle. Voilà Tintin de nouveau en possession du précieux parchemin de *la Licorne*. Il va pouvoir lutter avec Sakharine à armes égales.

– Notre pickpocket est sous les verrous, et nous sommes heureux de vous rendre ceci, annonce Dupond.

La ville s'étale à l'ombre du palais d'Omar Ben Salaad, entre la mer et les collines. Un énorme barrage la surplombe, retenant l'eau d'une rivière qui coule en amont. À travers la ville, serpente ce qui a dû être autrefois le lit de cette rivière, et qui n'est plus aujourd'hui qu'un canyon asséché. De longues files d'attente s'étirent à chaque point d'eau. Tout le monde, surtout les femmes et les enfants, fait la queue pendant des heures avant d'en obtenir un fond de bouteille.

Tintin est révolté par l'impudence de Ben Salaad : il accapare pour lui seul l'eau de la ville !

– Le seigneur Ben Salaad a coupé les réserves d'eau de la ville quand il a fait construire son barrage, explique Haddock. Maintenant, il vend l'eau aux habitants. Il prétend que ce système permet de faire baisser les impôts locaux.

– Il ne manque pas de culot ! conclut Tintin.

Sur la place du marché, ils revendent leurs chameaux à un vieil homme en djellaba. Tintin avise une affiche géante placardée sur le mur du caravansérail : une cantatrice va donner un concert.

– Le Rossignol milanais ! J'ai déjà vu ce nom, capitaine... Sur le *Karaboudjan*, à côté de l'émetteur radio... C'est elle : une cantatrice italienne... Son vrai nom est Bianca Castafiore, et elle chante au palais ce soir même. Il faut que nous y allions !

– Elle ferait une belle figure de proue, remarque Haddock.

– Achetons vite des billets !

Aux abords du palais, c'est la frénésie. Des journalistes surgissent de partout, les paparazzis se bousculent pour les meilleures places, la foule attend depuis des heures derrière les cordons de velours rouge, dans l'espoir d'entrevoir la vedette.

Un murmure parcourt l'assistance : la voilà ! Une longue limousine s'arrête devant l'entrée. La diva en sort, ruisselante de soie et de diamants. Les applaudissements fusent.

La cantatrice agite la main en direction de la foule et sourit à Ben Salaad qui s'incline pour l'accueillir. Elle fait un geste vers l'homme grand et mince qui sort de la voiture pour la rejoindre.

– Puis-je vous présenter mon ami M. Shuggair Addeitiff, qui a beaucoup aidé à l'organisation de ce concert ?

À sa grande stupeur, Tintin reconnaît Sakharine, très élégant dans un smoking impeccable.

– Capitaine, chuchote Tintin en sortant le petit rouleau de son portefeuille, je voudrais que vous gardiez le parchemin de *la Licorne*. Les gardes ont pu être prévenus que Sakharine me cherche. Si je me fais prendre, je ne veux pas qu'ils trouvent le parchemin sur moi.

Mais les inquiétudes de Tintin n'avaient pas lieu d'être : les deux amis entrent sans difficulté dans la salle de concert. Ben Salaad est déjà installé au premier rang, entouré des dignitaires de la ville. La diva apparaît.

Dans la pénombre, Tintin laisse dériver ses jumelles
vers le fond de la salle. Là ! C'est elle, *la Licorne* de Ben Salaad !

Avec les jumelles qu'on lui a prêtées, Tintin examine la salle. Grâce aux lanternes qui sont restées allumées aux balcons, on discerne assez bien les détails. Là-bas, installée contre le mur du fond, c'est *la Licorne* dans sa vitrine !

La voix de la cantatrice est vraiment extraordinaire, mais le capitaine ne s'attendait pas à un tel volume sonore. Il paraît de plus en plus mal à l'aise. À ses pieds, Milou gronde. On l'entend à peine, mais Tintin est gêné.

La partition monte dans les aigus ; la voix de Bianca Castafiore atteint des hauteurs incroyables. Jusqu'où peut-elle aller ? Les oreilles de Tintin se mettent à siffler. Le capitaine n'en peut plus. Il se lève, se fraie un chemin entre les rangées de fauteuils et sort dans le hall. Là, il bute sur quelqu'un qu'il n'attendait pas.

– Salut, capitaine ! lance Tom.

– Toi ! s'écrie Haddock.

À côté de son compère, Allan ricane. Sans que Haddock ait pu faire un geste pour se défendre, Tom l'a déjà assommé. Tout en récupérant le parchemin de Tintin...

MAIS COMMENT SAKHARINE COMPTE-T-IL S'EMPARER DU PARCHEMIN ?

CHAPITRE VIII

Poursuite à Bagghar

Sur la scène, la diva lève les bras pour lancer son dernier contre-ut... Et la vitrine explose ! *La Licorne* est sans protection, son mât à portée de n'importe qui. Tintin se précipite mais, stupéfait, il voit un faucon déployer les ailes et filer à travers la salle.

– Milou, attrape-le !

Milou bondit entre les sièges. À cet instant, Haddock rentre dans la salle en chancelant, une bosse énorme sur le front.

Sans voir le drame qui se joue, le public applaudit à tout rompre. Sakharine se penche par-dessus la rambarde du balcon, pour désigner Tintin et Haddock d'un doigt vengeur.

– Arrêtez-les, ces deux-là ! Ils sont venus voler le bateau.

Des gardes avancent au pas de course. Sur scène, le Rossignol milanais semble s'étonner de cette interruption. Elle n'a pas l'habitude que le public regarde ailleurs lorsqu'elle salue, et voilà qu'un rapace s'envole par-dessus les fauteuils, poursuivi par un petit terrier qui aboie à tue-tête... Tintin assomme un garde qui voulait les empêcher de sortir. Les fuyards traversent maintenant l'une des cours intérieures du palais, où Tintin aperçoit... une moto !

– Tintin ! crie Haddock, qui s'essouffle derrière lui. Où allez-vous ?

– Je vais retrouver Sakharine. Son faucon apprivoisé a pris le rouleau qui se trouvait dans le mât.

Tintin saute sur la moto, Milou à l'arrière. Haddock, qui a saisi au passage l'arme d'un garde – un lance-roquettes, rien de moins –, se jette à son tour dans le side-car.

– Que comptez-vous faire de ça ? demande Tintin.

HADDOCK ASSOMME LE GARDE DU PALAIS ET S'EMPARE DE SON ARME : UN LANCE-ROQUETTES, RIEN DE MOINS.

– On ne sait jamais, ça peut servir, répond Haddock par-dessus le vrombissement du moteur.

À toute allure, ils foncent sur la route. Voilà Sakharine, assis dans une jeep, à côté de Tom qui tient le volant. Allan est là aussi, tenant une mitraillette pointée vers la route. Dès qu'il aperçoit Tintin, il fait feu. Tandis que Tintin se couche sur le guidon, le capitaine épaule le lance-roquettes et vise de son mieux. Dans un fracas infernal, la roquette explose. Tintin garde les yeux fixés sur la route. Il ne voit aucun impact…

Risquant un coup d'œil dans son dos, Tintin comprend : une colonne de fumée s'élève du barrage, près du déversoir.

Le capitaine a lancé sa roquette à l'envers. Il a atteint le mur du barrage !

Dans un vacarme qui rappelle un grondement de tonnerre, une immense cascade s'échappe de la muraille et coule directement dans le lit à sec de la rivière. Très vite, l'eau déborde dans les rues.

Un virage plus abrupt que les autres force la jeep à ralentir. Dès que Tintin parvient à sa hauteur, Milou saute dans la voiture et cherche à arracher les parchemins de la main de Sakharine. En levant le bras pour rester hors de portée des crocs du chien, le bandit ne s'aperçoit pas qu'il tend son trésor à Tintin.

Dans un fracas infernal,

Haddock a fait exploser le mur du barrage.

Miracle ! L'eau gronde, déferle, et inonde en cascade

le lit de la rivière, trop longtemps asséché.

– Merci, lance poliment Tintin en subtilisant les trois feuillets.

Le faucon veille. Il fond sur les parchemins et réussit à s'en emparer. Tintin s'accroche de toutes ses forces à l'oiseau, aidé par Haddock qui hurle :

– Reviens ici tout de suite, espèce de chouette mal empaillée !

Leur course folle les mène vers le port. Partout, les gens de Bagghar jubilent. Ils dansent et chantent dans les rues en célébrant le miracle qui leur a rendu l'eau, confisquée depuis si longtemps. Les enfants jouent à s'asperger dans les fontaines.

Haddock est en train de perdre sa bataille contre le faucon. Pendant que Tintin fonce en maintenant l'oiseau de son mieux, le capitaine, déséquilibré, a glissé du side-car pour tomber aux mains des bandits.

Tom et Allan ont vite eu raison de lui. Ils l'ont ligoté, entraîné et le tiennent à présent en équilibre au bord d'une terrasse qui domine le port.

– Lâchez le faucon ! crie Sakharine. À moins que vous ne teniez davantage aux rouleaux qu'à la vie du capitaine ?

– Ne l'écoutez pas, Tintin ! hurle à son tour Haddock. Ne cédez pas ! Il ne s'en tirera jamais, ce marchand de tapis, ce flibustier de carnaval !

Mais il est déjà trop tard. Tom a poussé le capitaine, qui frappe l'eau boueuse en soulevant une gerbe d'éclaboussures.

– Schizophrène ! vocifère Haddock avant de disparaître.

Tintin lâche l'oiseau et plonge dans les flots à la suite de son compagnon.

CHAPITRE IX

L'ultime duel

Dans leurs vêtements encore trempés, Tintin et le capitaine assistent tristement au départ du *Karaboudjan*. La sirène retentit. Le cargo a déjà dépassé la jetée. Haddock se redresse, rouge de colère.

– Ils ne perdent rien pour attendre, ces pirates d'eau douce !

– Sakharine s'est emparé des trois parchemins. Ils vont le mener au trésor. Et nous, nous ne saurons jamais où il est, soupire Tintin.

– Comment ça, jamais ? Pas de ça, vous m'entendez, moussaillon. Quand vous êtes au pied du mur, il n'y a plus qu'à l'enfoncer !

– Mais au fait, dit Tintin, j'ai envoyé un message radio à bord du *Karaboudjan*... Je sais sur quelle fréquence ils émettent. Il n'y a qu'à donner cette information à la police pour qu'elle recherche le bateau.

– La police ?

– Oui, la police, reprend Tintin en montrant du doigt les Dupond et Dupont qui admirent la vue, paisiblement installés sur la plage. Dès que le *Karaboudjan* arrivera à un port, nous le saurons.

Non loin de là, Haddock aperçoit un petit hydravion qui se balance mollement dans la houle. Il applaudit, enthousiasmé.

– Et nous pouvons même y être avant eux.

Quelques jours plus tard, le *Karaboudjan* est revenu à son port d'attache. Encadré par Tom et Allan, Sakharine descend la passerelle qui mène au quai, où sa limousine l'attend. L'activité est à son comble, des grues de toutes tailles débarquent le chargement des bateaux.

La voiture s'ébranle… mais elle n'avance pas. Que se passe-t-il ? Sakharine jette un coup d'œil par la vitre… Ce n'est pas possible ! Il a des visions ! Sa limousine s'élève dans les airs.

– Qu'est-ce que c'est que ça ? hurle-t-il.

Sur le quai, Tom et Allan accourent, revolver au poing. La voiture monte toujours en tanguant un peu, et Sakharine comprend enfin ce qui se passe : elle est accrochée à une grue ! C'est ce damné capitaine Haddock qui joue avec les leviers, en chantant à tue-tête une chanson de marin :

– C'est nous, les gaaars de la Mariiii-ineee…

Haddock manœuvre pour déposer la voiture sur le toit plat d'un bâtiment où Tintin attend, en compagnie de Dupond et Dupont.

– Il est fait comme un rat dans une souricière, constate Dupond.

La barbe au vent,
Sakharine rend coup pour coup.
En garde ! Haddock peut-il vaincre,
comme son ancêtre ?

– Je dirais même plus, dit Dupont en ouvrant la portière... mais il s'interrompt face à Sakharine qui se redresse, pistolet au poing.

À ce moment précis, le bras de la grue se détend. La limousine est propulsée vers le petit groupe comme un boulet de démolition. Tintin, Dupond et Dupont se jettent sur le côté pour l'éviter. C'est Allan qui a réussi à grimper jusqu'à la cabine! Il repousse Haddock. Le capitaine va-t-il tomber? Non, il se retient aux montants. Allan a repris le contrôle des commandes et fait doucement atterrir la limousine le long d'un trottoir.

Haddock n'a pas renoncé: d'un crochet au menton, il écarte le bandit, qui tombe dans le vide et va s'affaler sur un camion en contrebas.

Sakharine quitte enfin sa voiture et gagne la cabine d'une grue voisine. Il dirige le long bras métallique vers l'engin actionné par Haddock. C'est un duel qui s'engage. Sakharine ramasse une palette de sacs de ciment qu'il catapulte sur son ennemi. Haddock arrache le toit de métal qui abrite son adversaire... Face à face, les deux grues croisent le fer. Aucun des deux hommes ne cédera un pouce de terrain.

– Flibustier de carnaval! Espèce de Rackham le Rouge! gronde le capitaine.

– Mon ancêtre! confirme Sakharine. Parfaitement. Tout comme le chevalier François était le vôtre.

Haddock force son chemin pour faire reculer l'adversaire, mais celui-ci réussit à le faire vaciller. Dans un nuage de ciment, la grue de Haddock s'effondre sur le pont du *Karaboudjan*. On se croirait sur *la Licorne*, autrefois, quand la poudre à canon entourait les bretteurs de sa fumée âcre... Haddock réapparaît au milieu des débris.

Sakharine descend de son poste et le rejoint. D'un geste vif, il sort la lame du fourreau de sa canne-épée et brandit fièrement les parchemins.

– Vous avez perdu, mon vieux Haddock. Il ne vous reste plus rien: tout ce qui vous appartenait est à moi maintenant. À moi. Même ce rafiot.

De son côté, Tintin s'est agrippé à un câble pour filer jusqu'en bas du bâtiment. Dans son élan, il passe sous le nez de Sakharine et, une dernière fois... intercepte les précieux rouleaux.

– Mon rafiot, jamais! explose le capitaine. Mille millions de mille sabords!

Il décoche un uppercut qui envoie Sakharine directement dans les eaux du port, après un salto arrière très réussi par-dessus le bastingage.

Quand Sakharine réapparaît, crachant et soufflant, Dupond et Dupont, qui ont réquisitionné un canot à moteur, se hâtent de le repêcher.

– Les mains en l'air! Vous êtes en état d'arrestation! annonce Dupont.

CHAPITRE X

Retour à Moulinsart

Tintin et Haddock regardent la vedette s'éloigner avec les policiers et le pirate menotté. Ils ont gagné ! Tintin lève les trois parchemins superposés vers le ciel de façon à ce que les rayons du soleil brillent au travers.

– Capitaine, regardez !

En clignant des yeux, Haddock examine les manuscrits tels qu'ils apparaissent en transparence. Les signes dépourvus de sens griffonnés en bas de page sont devenus une série de chiffres et de lettres parfaitement lisibles.

– Vous voyez ce que je vois ? demande Tintin.

– Tonnerre de Brest ! s'écrie le capitaine, ce sont des coordonnées. Latitude... Longitude... C'est ça ! C'est l'endroit où est caché le trésor.

Il saisit Tintin par la taille et se met à valser avec lui sur le pont. Milou aboie frénétiquement autour d'eux pendant que Haddock chante à tue-tête.

Sans tarder, nos trois héros s'entassent dans une décapotable et filent sur les petites routes de campagne. Le capitaine a pris son sextant. Il calcule l'itinéraire comme s'ils étaient en train de naviguer en haute mer.

– Nous y sommes presque. Encore un petit coup à tribord, moussaillon.

La voiture quitte la route, traverse une haie et file en brinquebalant à travers un pré. La voilà maintenant en vue... du château de Moulinsart !

– On s'arrête là ! ordonne Haddock.

Tintin coupe le contact devant les marches du perron. Il a du mal à en croire ses yeux.

– Moulinsart, s'émeut le capitaine. C'est là que mènent les coordonnées laissées par le chevalier François de Hadoque.

Les portes du château s'ouvrent. Nestor s'avance dignement.

– Monsieur Haddock, Monsieur Tintin, je vous attendais.

Les deux amis se regardent, interdits. L'affaire devient de plus en plus étrange. Ils se dirigent pourtant vers l'entrée du château, à la rencontre du majordome. Milou trotte derrière eux.

– Admirez ça, commente Haddock. Le château n'a pas changé depuis mon enfance...

Du hall majestueux, on devine des salons en enfilade, des pièces de réception meublées dans le goût du XVIIIe siècle. Par où commencer à chercher le trésor ? Haddock réfléchit ; il essaie de rassembler ses souvenirs.

– Nestor, demande-t-il, où est l'entrée de la cave ?

Le majordome les conduit jusqu'à un petit escalier de pierre, qui descend vers une vaste pièce voûtée, envahie d'objets en tous genres. Tintin sent son cœur battre. Ce ne peut être que là, au milieu de cet amoncellement hétéroclite, qu'est caché le trésor.

– La cave était plus grande autrefois,

elle a sûrement été murée !

Pourtant, Haddock n'a pas l'air de reconnaître les lieux. Il se souvient qu'autrefois, l'espace était plus long : la cave a été en partie murée. Dans le fond, ils dégagent une ouverture et accèdent... au repaire secret, où des générations successives de Hadoque ont entreposé les merveilles glanées autour du monde. Tintin récite à haute voix le texte des manuscrits :

– Et resplendira la croix de l'Aigle...

– Je vois bien une croix, dit Haddock en indiquant un saint Jean sculpté, mais où est l'aigle ?

– Le chevalier de Hadoque serait fier de vous, capitaine !
Vous êtes un grand marin, capable de voir
qu'une île minusculen'est pas à sa place dans l'océan !

Tintin s'approche.

– C'est saint Jean l'évangéliste. On l'appelait l'Aigle de Patmos... L'Aigle, c'est lui !

La croix d'argent luit doucement dans la pénombre. Venu du soupirail le plus proche, un rayon lumineux la touche de biais et vient frapper un globe terrestre posé un peu plus loin. Haddock se penche pour mieux voir.

– Cette île, dit-il en posant le doigt sur un point au milieu de l'océan, elle n'existe pas.

– Comment le savez-vous ?

– Je le sais parce que j'ai navigué dans ces eaux et que je les connais. Cette île est une erreur du cartographe.

– Peut-être pas. Si c'était plutôt un indice ?

Un sourire naît sur le visage du capitaine. Il pousse sur l'île imaginaire...

On entend un léger déclic, puis le cercle arctique se soulève, dévoilant l'intérieur du globe.

– Tonnerre de Brest, s'étrangle Haddock. C'est le trésor de *la Licorne*...

Pièces d'or et diamants ruissellent sous les yeux de nos héros ébahis. Ce n'est pas tout... Au fond de la sphère, Tintin découvre une carte très ancienne.

– Le chevalier François vous a laissé une autre piste, capitaine. Une carte pour retrouver ses quatre quintaux d'or, enfouis au fond des mers, au large de la Barbade. Ce que vous voyez là n'est qu'une partie du trésor. Avez-vous l'âme aventurière ?

– Quelle question, moussaillon !

Milou aboie avec enthousiasme.

– Tu as raison, mon vieux Milou, dit Tintin. Nous ne connaissons pas encore le fin mot de l'histoire : l'aventure ne fait que commencer !

FIN